Birds Dessinés

Best Of 2

À ma fille Chloé, le plus précieux sourire du monde.
Aux modérateurs fidèles et aux auteurs talentueux qui permettent à l'aventure BirdsDessinés de se poursuivre.
Aux Birds qui, mine de rien, ont pris une place importante dans ma vie... malgré leur poids plume !

Nicolas

À ma famille et à tous ceux qui aiment rire !
Longue vie aux Birds et aux auteurs qui leur font dire tant de birdises pour notre plus grand plaisir !

Adeline

118, avenue Achille-Peretti – CS 70024
92521 Neuilly-sur-Seine Cedex

www.michel-lafon.com

Birds Dessinés

Best Of 2

Nicolas Demange & Adeline Ruel

Michel Lafon

L'aventure Birds Dessinés

L'aventure Birds Dessinés prit son envol en 2009. À peine sortie du nid, l'idée de permettre à n'importe qui de créer des petites BD humoristiques mettant en scène de drôles d'oiseaux a tout de suite séduit, faisant grandir très vite la communauté des auteurs. Il faut dire qu'il est bien plus aisé de prendre la plume et de faire dire tout haut à des piafs ce que l'on pense tout bas, perpétuant ainsi une coutume moyenâgeuse voulant que des volatiles puissent porter bien plus loin la voix de leur maître.

Birds Dessinés est aujourd'hui un succès grâce à ces auteurs de tous horizons et cet ouvrage leur est avant tout dédié. La vie n'est pas toujours paisible sur le fil. Souvent, les noms d'oiseaux pleuvent, ça se vole dans les plumes, les prises de becs ne manquent guère mais les migrateurs reviennent toujours. C'est ce qui fait une véritable famille, dont certains commencent sérieusement à se déplumer, il faut le dire.

Tous les humours ont leur place sur le fil des Birds, ce qui n'est pas chose aisée à notre époque post-*Charlie Hebdo*, où chaque trait d'esprit trouve ses détracteurs. Faites l'humour, pas la guerre ! Et Birds Dessinés donne justement à cette maxime tout son sens. Son sens de l'humour.

Envie de figurer dans le prochain tome ?
Créez vos BD sur BirdsDessines.fr !

SOMMAIRE

Défensive viscérale

Quand on pose une question à une femme, celle-ci, avant de rendre sa réponse, s'interroge sur la motivation. Appréciez :
Où as-tu acheté ce steak, Charles ?
Chez le boucher au coin de la rue.
Où as-tu acheté ce steak, chérie ?
Pourquoi, il n'est pas bon ?
farplus

Accidents

Les enfants à l'arrière des voitures peuvent causer des accidents.
Les accidents à l'arrière des voitures peuvent causer des enfants.
Drakan nakarD

Quand on a le choix

Chérie, y a le bébé qui pleure.
Va dormir, je vais le changer !
Merci, et prends-en un qui soit un peu moins pénible !
gaveravar

Les mouches

Tu fais quoi, là, Marcel mamour ?
Je chasse les mouches
Et tu en as tué ?
Oui, pour sûr ! 3 mâles et 2 femelles !
Mais !!!??? Comment fais-tu la différence ?
3 étaient sur la canette de bière, et 2 sur le téléphone.
jeff73

L'important, c'est de participer

Après avoir fait l'amour, ma femme m'appelle "mon champion olympique". Je ne sais pas pourquoi !
Peut-être parce que vous ne faites ça que tous les 4 ans !
heucedress

Partie de poker

Ma chérie, mauvaise nouvelle ! Prépare tes valises, je t'ai perdue au poker...
Mon Dieu, ce n'est pas possible ! Comment as-tu pu ?
J'ai triché...
Mister blues

GPS : Grande Prière Sacrée

Ma femme conduit tellement mal que le GPS ne parle plus !
††††† Il prie †††††
alcla

Aujourd'hui, c'est vendredi

Dis Zoé, tu m'aimes encore ?
Mais oui, mon gros pinson !
Et c'est comme ça que gros pinson cru Zoé...
Drakan nakarD

Prudence est mère de sûreté

Qu'est-ce que tu regardes en premier chez une femme ?
Si son mari me surveille !
boudu113

Qui trompe qui ?

Aujourd'hui, j'ai découvert que ma femme me trompe.
Quand je lui ai demandé où elle était, elle m'a dit : "Je fais du shopping avec Sylvie."
Mais Sylvie était au lit à côté de moi...
-adrien-

Dinde de Noël

À Noël, ma dinde était trop cuite.
J'ai eu du mal à la raccompagner !
boudu113

C'est connu

Je dois bien avouer que certains jours, je suis très conne et très chiante.
Tu sais, c'est connu. On a toutes une part de masculinité en nous !
Fauvette

Concis mais pas si con

Ma birdette,
elle peut facilement résumer une conversation de 5 minutes
en moins d'une heure !
Max409

Garde à vue

J'ai dit à ma femme que j'avais envie de la tuer, elle m'a dit que j'avais besoin de consulter un spécialiste !
Et alors ?
Alors ! J'ai engagé un tueur à gages !
POLICE
POLICE
Mister blues

Quand ma femme...

Quand ma femme veut faire les magasins, je la laisse conduire. Comme ça, le temps qu'elle se gare, tout est fermé.
Mister blues

Mon voisin est un con

Mon voisin s'était planqué dans un placard pour faire une farce à ma gosse...
mais elle était à l'école !
Y avait que ma femme ! Qu'est-ce qu'il est con !
nossilac

Monnaie d'échanges

Alors, ce club échangiste, c'était bien ?
C'est de l'arnaque ! À la fin tu retournes quand même chez toi avec ta femme !
Propane

C'est vrai, c'est énervant à la fin

Je sais pas si vous avez remarqué, mais quand vous êtes en couple depuis longtemps,
votre conjoint fait des trucs tout à fait anodins mais qui, à la longue, deviennent hyper énervants...
En ce moment, par exemple, ma femme respire !
sylla

Lavette

Maman, je vais t'aider à faire la vaisselle, elle est où, la lavette ?
Dans le salon, devant la télé, en train de boire une bière !
sylla

Médecins, infirmières et autres mauvais cygnes

Il DMLA le faux du vrai

DMLA faites le test de dépistage...
Si, en cachant un œil, vous ne voyez plus rien,
c'est que vous regardez avec l'œil que vous avez caché !
docgyneco08

Derniers instants

Un médecin examine une vieille dame en pleine agonie...
Ça fait longtemps qu'elle râle comme ça ?
Depuis qu'on est mariés, Docteur !
gaveravar

Avant la table d'opération

Mon nouveau médecin m'a demandé : "Vous avez des calculs ?"
Je lui ai répondu : "Plus ou moins, mais ils ont tendance à se multiplier."
Il m'a alors déclaré : "On va prendre le mal à la racine." Carrément !
papalain

Fausse excuse

Je ne pourrai pas aller travailler demain. Je me suis fracturé la motivation.
deodex

Posologie

Qu'est-ce que tu lis ?
La notice de mon médicament contre Parkinson.
NEWS
Et qu'est-ce qui est écrit ?
NEWS
Bien agiter avant usage.
Birds_speaking_to_birds

Mangez-bullez.fr

J'ai testé le shampoing nourrissant...
Belle arnaque !!!
J'ai toujours faim et en plus je pète des bulles...
Deodex

Dépistage de DMLA

Si, en fixant le chat qui est à 4 pattes sur vos genoux,
vous voyez un trou noir... Retournez-le
et vous verrez ses moustaches !
Trevor

Viagratitude

Les ventes de Viagra ont encore augmenté.
NEWS
J'ai toujours pensé que c'était un marché juteux !
sylla

J'ai fait un bide

Aujourd'hui, j'ai commencé mon régime !
J'ai fait disparaître de la maison toutes les choses qui font grossir.
C'était délicieux !!!
Deodex

À moins que ce soit une phlébite !

T'en fais, une drôle de tête !
Je sors de chez le médecin !
Mauvaise nouvelle ?
Pour lui, surtout !
Je lui ai cassé la gueule !
Et pourquoi donc ?
Il m'a dit qu'il suspectait chez moi une faible bite !
arverne19

Pas vous ?

Je ne sais pas ce qu'ils mettent dans leur Nutella
mais j'ai la nette impression qu'un des ingrédients fait rétrécir mes vêtements.
cedced

Un argument de poids

Je suis au régime depuis deux semaines...
et j'ai déjà perdu 14 jours...
Deodex

Aujourd'hui, j'ai brûlé 3 000 calories : j'ai oublié de sortir ma pizza du four...
Deodex

Devrait arrêter les lentilles

Ma loupe a décidé de suivre un régime.
Elle trouve qu'elle grossit trop.
Flocal93

Lourd et la poupée

Ma balance affiche 99,9... Ça ressemble à un prix d'appel.
Mais c'est vraiment un prix de gros !
papalain

Bobo têtête !

Docteur, j'ai un problème :
chaque fois que nous avons fini de faire l'amour, j'ai terriblement mal à la tête !
Vous dreviez mettre un bon gros coussin contre votre tête de lit !
vautour hirsute

Charles attend son patient pas sciemment

Qu'a dit ton psy pour tes problèmes de mémoire ?
Il m'a fait payer d'avance.
zaudiac

Au goulot

Le secret pour apprécier le bon vin : ouvrez la bouteille pour le laisser respirer !
Si vous constatez qu'il ne respire pas... pratiquez immédiatement le bouche-à-bouche !
Mister blues

Faut pas mélanger

Je ne comprends pas, Docteur, j'ai les poils du cul qui poussent à une vitesse folle !
Mais comment prenez-vous les gélules que je vous ai prescrites contre la calvitie ?
Ben merde, je croyais que c'étaient des suppositoires !
gaveravar

Médecins : un remède au burn out ?

Ordure, trou de balle, salaud, bon à rien, face de raie,
idiot, crétin, imbécile, connard, merde, abruti. J'en ai marre.
La vache ! Ça fait du bien d'avoir un patient sourd de temps en temps.
Jojo88

Alcootest

Contrôle de police : votre alcootest est positif !
Mais je n'ai bu qu'un seul verre !
POLICE
Avec le taux d'alcool que vous avez, un seul verre, ce n'est pas possible !
POLICE
C'est peut-être parce que je l'ai rempli plusieurs fois !
POLICE
papyjama

Hypertension familiale

Monsieur, vous faites de l'hypertension.
Oui, je sais, Docteur, c'est familial.
Du côté de votre père ou de votre mère ?
Non, Docteur, du côté de ma belle-famille...
Mais ça ne peut pas venir de votre belle-famille !
On voit bien que vous ne les connaissez pas, Docteur !
papyjama

Le docteur

Chérie, en ce moment, je n'arrête pas de péter.
NEWS
Ben va voir le docteur !
Quel bon vent vous amène ?
Titi974

Un truc de malade

Je viens de faire un truc de malade.
Ah oui, quoi ?
J'ai pris un médicament.
Chelmi

C'est con de mettre un virage à un endroit dangereux

Pardon... Pour aller à l'hôpital, s'il vous plaît ?
Au premier virage...
vous prenez tout droit.
Max409

BD médicale

La connerie, c'est comme la maladie d'Alzheimer, tu t'en aperçois pas mais c'est terrible pour l'entourage !
jmf08

La médecine, c'est pas facile

Bird va subir une opération délicate.
Et c'est risqué, une opération des lycates ?
T'es con ? Une opération délicate est forcément risquée !
Je peux pas deviner ! J'ai pas fait médecine, moi !
Bon. On dit rien et on ouvre. On finira bien par les trouver, ces putains de lycates !
rorolelectro

Secret médical

Alors, Docteur, qu'est-ce que j'ai ?
Ah, ah, secret médical !
ange38

On n'est jamais mieux servi que par soi-même...

Allo, l'hôpital ? Bonjour ! Je voudrais avoir des nouvelles de M. Francis, 2e étage, en chirurgie à la chambre 14.
Vous êtes de la famille ?
Non ! Je suis M. Francis. Comme ici, tout le monde
entre et sort de ma chambre sans rien me dire, je vous appelle pour savoir où j'en suis et comment je vais.
alcla

Trou noir

Mon cher confrère, je viens vous voir car je crains d'avoir un début de DMLA.
Quand je suis au travail, j'ai comme un trou noir au centre de ma vision.
Ah ! non ! Ça, c'est parce que vous êtes proctologue !
docgyneco08

Viande à varier

La viande rouge serait cancérigène...
Mangez des Schtroumpfs !
Mahoï

Diagnostic mortel

Docteur, je suis très inquiet. Votre diagnostic n'est pas le même que celui de votre confrère.
Oui, je sais, c'est toujours comme ça...
Mais rassurez-vous, l'autopsie prouvera que j'avais raison.
formula80

Journée de la flemme

Ce matin, mon lit ne se sentait pas bien, je suis donc resté à la maison pour prendre soin de lui...
Deodex

Allez, sauteeeeeeez !!!

Vous pouvez sauter sur le lit le plus rapidement possible ?
Ah bon ? Vous pouvez m'expliquer pourquoi ?
J'ai oublié de secouer le flacon avant de vous donner le médicament !
Mister blues

L'indigestion

Je ne sais pas ce que j'ai, mais tous les lundis c'est pareil : j'ai des nausées avant d'aller en cours.
T'as quoi, comme matière à ton école de commerce ce jour-là ?
Lundi ? Gestion...
Mahoï

Et ne pas se faire choper !

Si vous voulez que j'arrête la bière,
arrêtez de me mettre la pression !
Vivian Roof

C'est la saison des champignons, on n'est jamais trop prudent !

Alors, M. le pharmacien, ces champignons sont-ils bons ?
Oui, vous pouvez les manger en toute confiance,
j'ai fait 15 ans d'études, avec une spécialisation en mycologie. Simplement, il vaudrait mieux que
l'un d'entre vous n'en mange pas pour pouvoir emmener les autres aux urgences en cas de besoin, on ne sait jamais !
docgyneco08

Champignon mortel

Le champignon le plus mortel, c'est celui qui est à droite de la pédale de frein !
sylla

Échange standard

Ça coûte cher, de se faire refaire les seins ?
Ça coûte la peau des fesses.
pierre_du_81

Surveillance du souffrant

T'as l'air crevée !
Mon mari est souffrant, je dois le surveiller jour et nuit !
Tu n'as pas pris une infirmière ?
Si, justement ! C'est une fille superbe, c'est pour cela que je dois le surveiller !
Mister blues

4 étoiles

C'est quoi, le premier devoir de l'hôpital ?
En premier, sauver la vie des malades !
Alors je pense que les cuistots n'en ont pas été informés !
gaveravar

Ça fait pas un pli

Avec les notices de médicaments
on devrait mettre une notice indiquant
comment replier la notice de médicament.
Max409

Ah, la santé !

Je viens d'apprendre que j'ai un oncle incarcéré.
Ah ? Lequel ?
Celui du gros orteil...
emmelle

Un ami, ça ?

T'as vachement perdu, t'as fait un régime ?
Non... Une rupture, une garde alternée, le chômage...
Persévère, ça te va rudement bien !
Mahoï

Ça fait rouiller

Mais je rêve, tu bois de l'eau ?
C'est juste pour étonner mon foie !
gaveravar

La collecte

Bonjour Madame. Nous faisons une collecte pour le foyer d'accueil des alcooliques. Souhaitez-vous participer ?
Repassez en début de soirée. Je vous donnerai mon mari !
#@%Groarrrr@#
Mister blues

On n'arrête pas les progrès de la médecine !

Je pense que ce malade ne sortira jamais du coma.
On devrait essayer de le débrancher et le rebrancher ?
Non mais ça va pas ! Où avez-vous appris ça ?
Nulle part, mais ça marche parfaitement bien avec ma Livebox !
gaveravar

On s'en fout

Moi, j'ai 2 355 amis sur Facebook !
La chance !
Moi, j'ai une vidéo sur YouTube avec 10 millions de vues !
Trop cool !
Moi, je travaille tous les jours pour trouver un remède contre le cancer et tout le monde s'en fout !
JUJU 30

À défaut d'embolie

Aaaaahhh ! Quel bonheur, de respirer cet air pur ! Il y a 6 mois, je fumais 3 paquets par jour.
Je ne sentais plus les odeurs ; je risquais le cancer des poumons ; ils étaient tout noirs.
Maintenant je revis, je respire la fraîcheur !
C'est l'embellie pulmonaire, quoi…
Mahoï

Birds Times-news

Les militants anti-tabac réclament un cessez-le-feu !
ninibirds

Bon vent, l'ami

Chérie, je ne sais plus comment m'en sortir :
quand je stresse, je n'arrête pas de péter !
Tu devrais consulter un psychothéraprout... Arrrfff !
Trevor

Le remède

Docteur, vous avez un remède pour ne plus me ronger les ongles ?
Bien sûr ! Le meilleur remède, c'est de vous gratter régulièrement le cul !
???????
Mister blues

Réflexion

Ça vous arrive de réfléchir ?
Je suis pas infirmière, moi.
POLICE
Et vous, ça vous arrive de réfléchir ?
Ben non. J'ai une infirmière pour ça.
Donc, c'est vous qui réfléchissez !
Pas du tout ! Ce sont les miroirs qui réfléchissent. Moi, je panse !
rorolelectro

Régime sans pain

Moi, je mange le Nutella à la petite cuillère... parce que le pain fait grossir !
Deodex

Les sportifs en chambre

Ce matin, j'ai fait du vélo d'appartement pendant une heure... J'étais complètement rétamé !
J'en ai fait pendant deux heures, pas de problème !
Et tu pédales vite ?
Ah, parce qu'il faut pédaler ?
gaveravar

Qui dort dîne !

Sais-tu, ma Birdette, que tu peux maigrir en dormant ?
Ah non, je ne savais pas.
Oui, mais uniquement pendant les heures de repas !
VerdOt

Mettez-vous à leur place !

J'ai assisté aux mondiaux d'athlétisme handisport !
Alors, c'était bien ?
Oui, mais les infrastructures pour les visiteurs, pas terrible.
Ah bon ?
Sur le parking, j'ai tourné trois heures pour trouver une place réservée aux valides !
arverne19

Conseil aux fabophiles !

Méfiez-vous particulièrement si votre dentiste vous invite à manger une galette des rois !
Il a peut-être en effet, comme arrière-pensée, celle de vous poser encore une couronne.
Blue Parrot

Le comble du médecin

Pour un médecin, ce serait un comble de ne pas pouvoir soigner son écriture !
Mister blues

Péter un câble

Qu'est-ce qui t'est arrivé ? T'as des plâtres partout !
Ouais, j'ai pété un câble...
Et alors ?
Ben, j'étais dans un téléphérique !
jmf08

Prescription médicale

Le médecin m'a conseillé de changer d'air.
Oui, tu devrais essayer de prendre l'air intelligent, pour voir !
gaveravar

Prescription

Quand mon médecin m'a réclamé de lui payer sa dernière ordonnance, je lui ai dit : "Y a prescription !"
docgyneco08

À peine sortis du nid

et ils nous font déjà **** !

Bonne nouvelle

Maman, maman ! Je suis contente, j'ai une nouvelle maîtresse !
Ton père aussi !
gaveravar

Je suis ton père, a priori

Monsieur l'agent, venez vite ! Y a un gars qui veut casser la gueule à mon père !
POLICE
Lequel des deux est ton père ?
POLICE
Ben, on sait pas. C'est pour ça qu'ils se battent !
POLICE
boudu113

On peut rien faire dans cette maison

Maman, je peux me maquiller ?
NON !
Je peux mettre une jupe ? ou des talons... ?
NON !
Mais maman... J'ai 17 ans !
Je sais, Jean-Pierre !
darelli

Il y a des questions à ne pas poser

Fiston, tu manges comme un goret !
Sais-tu ce qu'est un goret, au moins ?
Oh oui, papa ! C'est le fils d'un gros porc !
Galaldur

Et tout devient plus simple

Pour apprendre à mes enfants à différencier leur main droite de leur main gauche, j'ai une méthode infaillible !
Je leur dis simplement que leur main droite, c'est celle
qui a le pouce à gauche !
heucedress

Travailler nuit gravement à ses économies

Dis, papa, pourquoi le gouvernement augmente-t-il le prix des cigarettes ?
C'est pour qu'on arrête de fumer.
Alors, quand ils augmentent les impôts, c'est pour qu'on arrête de travailler ?
gaveravar

Couper le cordon

Je te préviens ! Si tu ne ranges pas ta chambre, j'envoie ta tablette au fond du jardin !
Y a du Wi-Fi au fond du jardin ?
Mister blues

Logique enfantine

Maman, c'est quoi, un podologue ?
C'est quelqu'un qui s'occupe des pieds, ma chérie.
Alors, un monologue, c'est celui qui s'occupe des mains ?
soraya

Il faut regarder où on marche

Papa ! Maman ! Camille a marché dans un gros mot !
titoune

Faites aaaareuh

Maman, quand tu donnes à manger à la cuillère à ma petite sœur,
t'as pas besoin d'ouvrir la bouche, c'est elle qui mange, pas toi !
soraya

Fallait écouter

M'dame, vous pouvez répéter ? J'ai pas entendu !
Toto, fallait écouter !
Grosse pute !
Pardon ?
Fallait écouter !
boudu113

Che mise tout sur mon style

Ma fille a vomi
sur ma chemise Desigual...
Pas moyen de savoir où.
Deodex

Œuf en chocolat

Papa, à l'école, j'ai eu une bonne note, j'ai eu un neuf !
Ah ! En quelle matière ?
En chocolat !
soraya

Siège auto, mode d'emploi

Bien pratiques, ces sièges auto pour enfants, tout est bien expliqué dans la notice que tu ranges dans le dossier.
Et tu récupères la notice comment ?
Ben, il suffit de démonter le siège.
Et comment tu le démontes ?
Ben, il suffit de lire la notice !
jmf08

Je n'ai pas vu mon nom sur la liste. Shit !

Finalement, le bac ne sert qu'à une chose.
NEWS
Faire chier ceux qui ne l'ont pas.
Nobody

Les livres de maths

Un livre de maths est le seul endroit où il est normal d'acheter 53 melons !
Et de laisser un robinet fuir pour savoir combien de litres tu as gaspillé, au lieu d'appeler un plombier !
Mister blues

Départ en vacances

Voilà, les enfants, vous êtes bien installés ? Les ceintures sont bouclées ? Vous avez votre bouteille d'eau ?
C'est
quand
qu'on
arrive ?
papyjama

Rédaction d'un lycéen riche

Rédaction sur la pauvreté, d'un élève d'un lycée chic du 16e arrondissement de Paris.
C'était une famille pauvre : le père était pauvre, la mère et les enfants étaient pauvres...
le majordome, le chauffeur et la cuisinière étaient pauvres, ainsi que le jardinier...
zaudiac

Dites-le avec humour

Les enfants, j'ouvre la fenêtre. Si vous avez froid, dites-le.
LE !
LE ! LE ! LE !
JujuBB

Amen la soupe sur la table

Chez vous aussi, vous dites une prière avant de manger ?
Non... ma mère sait bien cuisiner.
Wilson

Même pas peur

Voir une araignée, c'est rien.
Le pire...
c'est quand tu la vois plus !
soraya

Accusé, levez-vous !

Je t'assure, papa, on est tous innocents, mais lui, il a vraiment rien fait !
Flocal93

Un arc-en-ciel dans le cartable

Tu ne nous as pas montré ton carnet de notes, ce mois !
Mais, papa, les carnets et les notes n'existent plus.
Ah bon ! Et alors comment vous êtes évalués en cours ?
Ce sont des couleurs qui nous indiquent notre niveau.
D'ailleurs, aujourd'hui, j'ai eu un bleu et un rouge.
Alors c'est quoi, ta moyenne ? Violet ?
heucedress

La cinquantaine

T'es sûre que c'est Quentaine, le féminin de Quentin ?
Mais oui ! Papa parle toujours de la Saint-Quentaine !
Ronflette du Sud

Dur, dur, les enfants !

Maîtresse, pouvez-vous me dire ce que j'ai appris à l'école aujourd'hui ?
Tous les soirs, mon père, il me demande et je ne sais jamais quoi répondre !
soraya

Vive Internet

Papa, j'ai connu Cloclo sur Meetic et nous sommes devenus amis sur Facebook. Nous avons discuté sur WhatsApp.
Il m'a déclaré sa flamme sur Skype. J'ai ta bénédiction ?
J'ai quelques conseils, chérie. Mariez-vous sur Twitter.
Achetez vos enfants sur eBay, recevez-les sur Gmail. Puis, une fois fatiguée de ton mec, mets-le sur le Bon Coin.
Wilson

Phrase de notre enfance

Tu ne dois pas parler à des inconnus. Entendre ça toute son enfance et finir sur Facebook !!!
Mister blues

Allocation très familiale

Maman, j'aimerais bien avoir une troisième poupée pour Noël !
Mais, ma chérie, tu en as déjà deux !
Oui, mais ainsi j'espère que papy m'augmentera l'allocation mensuelle qu'il me donne !
docgyneco08

Elle est jolie, la jeunesse

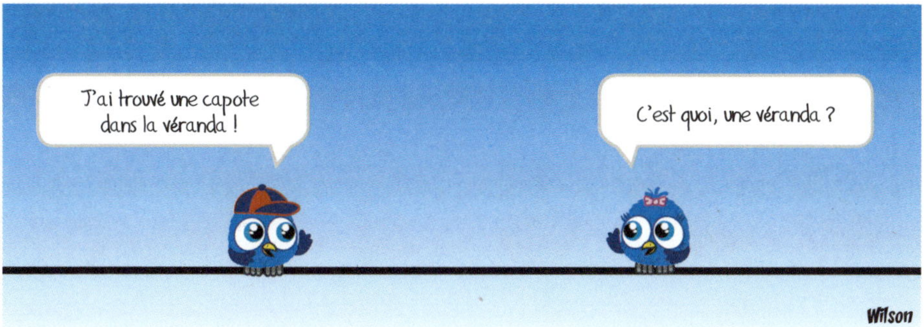
J'ai trouvé une capote dans la véranda !
C'est quoi, une véranda ?
Wilson

Le lion est mort ce soir...

Après la mort du lion Cecil, une enquête est ouverte. J'espère bien que le tueur sera sanctionné durement.
NEWS
Mais papa, le lion est un prédateur... un animal méchant et dangereux !
Fiston, sur terre, l'animal le plus méchant et dangereux, c'est l'IMBÉCILE !
Nobody

Galileo junior

Si l'eau recouvre les trois quarts de la Terre
et que cette eau, c'est de l'eau plate,
comment se fait-il que la Terre soit ronde ?
Vivian Roof

Aller à l'école

Tu sais, papa…
J'aime bien aller à l'école…
J'aime bien aussi en revenir…
Mais ce qui m'énerve, c'est ce qu'il y a entre !
CRbirds

Les enfants et le sport

Dis, ils font du sport, tes parents ?
Oui ! Ma mère fait du vélo épileptique et mon père fait de la marche merdique.
Fauvette

Chez le dentiste

Sois sage, Théo ! Ouvre la bouche et fais Ha... Aaaaaaah...
pour que le docteur puisse enlever ses doigts.
Mister blues

Sauf Maladie Sérieuse

SMS : n'oublie pas de vider le lave-vaisselle... SMS : t'as fini tes devoirs ?... SMS : descends la poubelle...
SMS : t'as fait ton lit ? ... SMS : t'as téléphoné à mamie ?... SMS : avec ton père on a décidé de t'acheter un scooter.
Oh ! Trop cool ! C'est vrai ?
Non, c'était juste pour voir si tu recevais bien mes SMS !
papyjama

Au pensionnat des oiseaux

L'accès au dortoir des filles est interdit aux garçons, tout élève qui y sera surpris aura une amende de 10 euros...
Et pour un abonnement, c'est combien ?
sylla

Grimaces

Arrête de faire des grimaces ! Quand j'étais petite, ma mère me disait que si je n'arrêtais pas de faire des grimaces
j'allais devenir affreuse !
Ah bon ? Pourquoi tu n'as pas écouté ta maman ?
soraya

Qui veut aller loin…

T'as vu ? J'ai acheté un coffre de toit pour ma voiture.
Et c'est bien ?
Oh oui, c'est vraiment bien fait… On entend beaucoup moins les gosses !
gaveravar

Tête en l'air

Papa, je peux avoir un porte-clefs ?
C'est vrai que c'est extrêmement pratique !
Plutôt que de perdre tes clefs une par une, au moins tu les perdras toutes d'un coup.
Michorbey

Tiens-toi bien !

Ce soir, on dîne chez les voisins, tu as intérêt à bien te tenir !
Pourquoi ? Leur maison bouge ?
soraya

Miel, abeille et pansement !

Une petite fille arrive à l'école avec un gros bandage autour de la tête. La maîtresse, surprise :
Mais, que t'est-il arrivé ?
Une abeille m'a piquée !
Mais c'est un bandage énorme pour une piqûre !
Papa l'a tuée, avec sa pelle !
sifun

La panne

Papa, ta voiture est en panne, je crois qu'elle a de l'eau dans le carburateur !
C'est bien mon fils, tu deviendras un grand garagiste comme ton papa, mais comment tu sais ça?
Parce qu'elle est au fond de l'étang...
apostrophe

Pas ta caisse ?

Papa, c'est quoi un pataquès ?
C'est quand tu te trompes de voiture sur le parking !
Et dire qu'il ne me laisse jamais le volant !
Pataski73

Ma - ma - ma - marrant !

Comment tu t'appelles ?
Ja - Ja - Ja - Jacques.
Tu es bègue ?
Non, mon père l'était… et l'employé de l'état civil était un fieffé connard !
Propane

Gland d'heure

Les enfants, savez-vous ce que c'est qu'un gland ?
Oui, madame, c'est quelqu'un qui n'avance pas quand il est en voiture devant celle de mon papa !
soraya

Les élèves d'aujourd'hui

Ce matin, j'ai reçu le motif d'absence en cours d'un élève.
Et il a marqué quoi ?
Surpilosité palmaire !
max patrige

Mamie gâteau

Papa, quand je serai grand, je veux me marier avec mamie, elle est trop gentille, mamie !
Mais ce n'est pas possible, mon chéri !
Et pourquoi, papa ?
Parce que tu ne peux pas te marier avec ma mère !
Et toi, tu t'es bien marié avec la mienne !
soraya

Cosmic !

Tiens, v'là la neige !
Ce sont des giboulées de mars.
Tu crois vraiment que ça vient de si loin ?
Jessie

Monter en haut

Je vais monter en haut !
NEWS
On ne dit pas « monter en haut » ! Quand on monte, c'est forcément en haut !
C'est moi qui monte ! Alors je monte où je veux !
rorolelectro

Donne ta langue au chat

Je viens de voir le gamin des voisins lécher son chat... Je pense qu'il a entendu quelque chose qu'il n'aurait pas dû...
Deodex

Faut bien aller à l'école

D'où tu sors toutes ces sucettes ?
C'est le chauffeur du bus qui me les donne.
Tous les matins, il me fait souffler dans l'éthylotest pour faire démarrer le car et il me paie en bonbons !
gaveravar

La vérité sort toujours du bec des oisillons

Monsieur le professeur, je ne voudrais pas vous tracasser, mais mon papa m'a dit hier
que si je n'avais pas de meilleures notes sur mon bulletin le mois prochain...
y a quelqu'un qui va se prendre un bon coup de pied quelque part ! Je préfère vous avertir.
alcla

Le conseil de classe

EST-CE QUE JE PEUX SAVOIR POURQUOI VOUS METTEZ TOUT LE TEMPS DES ZÉROS À MON FILS ?
Parce qu'on n'a pas de notes plus basses.
formula80

Qui a eu cette idée folle ?

Maman, je n'aime pas les Arabes...
Ma chérie, tu sais que c'est très vilain de dire ça. Et pourquoi dis-tu ça ?
À l'école, la maîtresse a dit que c'étaient eux qui avaient inventé le zéro !
soraya

Ce n'est pas de ton âge

Je veux voter !
Je te dis qu'il faut avoir 18 ans !
Pourquoi ? C'est cochon ?
Mister blues

Sabine au bout du fil

Papa, je veux un iPhone !
Et c'est quoi, le mot magique ?
Sabine !
Sabine ?
Oui, le prénom de ta maîtresse que tu vois le samedi...
Deodex

Hors d'âge

T'as quel âge, mamy ?
Oh, tu sais, je ne sais pas : à mon âge, on ne compte plus !
Eh bien, il suffit de regarder sur l'étiquette de ton pull : moi y a marqué 5 ans !
soraya

Pas au courant

D'après mon livre de physique, l'électricité date de 1880. D'après mon livre d'histoire, elle date de la Révolution...
... française ! Qui croire ?
Y avait pas l'électricité en 1789 !
Ben alors, explique-moi pourquoi on nous parle toujours de la prise de la Bastille.
423

Réflexion d'enfant

Tu me fatigues, va te coucher !
Pourquoi c'est toujours moi qui dois aller me coucher quand maman est fatiguée ?
Mister blues

Dent pour dent

Regarde la lettre que j'ai reçue : "Ma chère petite Léa, je suis passée hier dans ta chambre pour échanger ta dent
contre une pièce, mais vu l'état de ta chambre, je n'ai pas réussi à atteindre ton oreiller, je reviendrai quand
ta chambre sera rangée, je suis sûre que si tu demandes à ta maman, elle t'aidera... signé : la petite souris"
soraya

Corde au coût

Papa, combien ça coûte, un mariage ?
Je sais pas, ça fait 20 ans et je paie encore !
papyjama

Jour de naissance

Papa ! Quand est-ce que je suis né ?
Le 28 novembre !
Ça alors ! C'est drôle, juste le jour de mon anniversaire !
Mister blues

Décollage immédiat

J'peux savoir quel est l'imbécile qui a pris mon bâton de colle parfumée à la fraise pour une sucette, hein ?
C'est pas moi !
Pas moi non plus !
Moi, j'aime pas la fraise !
Mmmmhmm mhmmmh mhmmm.
pierre_du_81

C'est quoi, un homme ?

Papa, c'est quoi, un homme ?
Eh bien, mon garçon, un homme, c'est quelqu'un qui
s'occupe de tout, de sa maison, de sa famille, qui veille sur elle pour qu'elle ne manque de rien.
Aaaaah, d'accord, papa, eh bien quand je serai grand, je veux être un homme comme maman !
papyjama

On n'écoute jamais assez les enfants

Papa, je veux partir en Syrie faire le djihad !
T'as fini tes devoirs ?
NEWS
jmf08

Les parents t'apprennent à marcher et à parler pour ensuite te demander de t'asseoir et de te taire...
alcla

Tête en l'air !

Y fait quoi, tonton, comme travail ?
Aiguilleur du ciel !
Acupuncteur pour nuages ?!
Jessie

Paix sur terre

Il y a beaucoup d'étrangers dans ton école ?
Non, il n'y a que des enfants...
boudu113

Halloween de nos jours !

Ah les enfants, que voulez-vous comme bonbons ?
Blague ou friandises !
Sans gluten pour moi !
Moi allergie au lactose !
Vous avez du chocolat végétalien ?
Je ne mange que des produits bio !
CedCed

Couleurs locales

Tu as vu ma jolie petite auto ?
Elle est bleue comme les yeux de ma maman !
Et toi, tu as vu mon joli petit camion ?
Il est violet comme le nez de mon papi !
Fauvette

Purée !!!

Dites, les enfants ? Il est où, le machin pour éplucher les patates ?
Rappelle-toi, papa ! Elle est partie et a demandé le divorce.
Mahoï

C'est la rentrée

Qu'est-ce qui t'arrive, Théo ?
Maîtresse, je me suis fait mal !
Eh bien, je vais te soigner, dis-moi où tu t'es fait mal.
Tout là-bas, au fond de la cour !
soraya

Pas drôle d'être un surdoué !

Papa, c'est quoi, un surdoué ?
C'est un garçon à qui on dit : "quand tu auras fini de jouer à la Playstation,
tu auras le droit d'aller faire tes devoirs !"
jmf08

Géographie

Tu sais dans quelle contrée on mange le plus de pâtes ?
Ben c'est sûrement en "NOUVELLE-CANNELLONIE" !
Blue Parrot

Droitier ou gaucher ?

Théo, tu es droitier ou gaucher ?
Je ne sais pas, maîtresse.
Eh bien, avec quelle main dessines-tu ?
Ben, maîtresse, avec la mienne !
soraya

Cours d'histoire à l'école

Les enfants, savez-vous qui était Charles de Gaulle ?
Oui, madame, c'est quelqu'un qui a fait plein de boulevards, de places, d'avenues... et même un aéroport !
soraya

Miroir, mon beau miroir

Mais, ma chérie, que fais-tu les yeux fermés devant ce miroir ?
Maman, je voulais voir la tête que j'ai quand je dors !
soraya

Plumes
et paillettes

Avanti la musica

Je vous conseille vivement d'écouter la toute dernière version des *Quatre Saisons* de Vivaldi.
Par Yvonne Printemps, Donna Summer,
Tom Novembre et Ophélie Winter.
papalain

La fête de la Musique à Marseille, c'est automatique

Tu vas à la fête de la Musique, ce soir, à Marseille ?
Pour rien au monde je ne raterais ça !
Y aura un remix de la symphonie n° 7.62 de Mikhaïl Kalachnikov joué par le groupe AK47 !
Mortel !!!
Mahoï

Sur la route de Memphis

Tiens ! Regarde ! La voiture d'Eddy Mitchell !
À quoi tu vois ça ?
Ben, y a un pot pourri et pas de bougie-bougie !
jmf08

La compagnie des stats

La statistique du jour ?
100 % des lecteurs auront lu cette BD.
formula80

Devis marseillais

À Marseille, on fait repeindre la mairie. Y a un Breton qui a proposé un devis de 3 millions : 1 million pour la peinture,
NEWS
1 pour l'échafaudage et le matériel et 1 pour la main-d'oeuvre. Mais c'est le Marseillais qui a été choisi
NEWS
avec un devis de 9 millions : 3 millions pour lui, 3 pour le maire et 3 pour le Breton pour faire le boulot !
boudu113

C'est ça ou un rond-point

M'sieur le ministre, on a reçu une plainte concernant une route défoncée où il y a déjà eu plusieurs morts...
Pas de soucis, je m'en occupe !
Vous allez faire refaire la chaussée ?
Ben non, voyons, je vais y faire poser un radar !
gaveravar

On peut changer d'opinion

Moi, je ne vote pas pour les personnes, je vote pour les idées.
Et si je te donne dix mille euros ?
Alors là, je vote pour n'importe qui, car l'idée est bonne !
jojomalu

Anagrammes politique

Les anagrammes révèlent des vérités cachées par les dieux. "Le Front national", c'est "L'entonnoir fatal"...
Oui, mais il faut savoir que "Le parti socialiste" peut s'écrire "Le capitaliste rosi" !
Et la "droite républicaine" ?
"Pour âne liberticide" !
gdispaux

On m'a dit des choses

Hier, on m'a dit que j'étais moche.
T'en fais pas, on m'a dit des choses bien pires.
Qu'est-ce qu'on t'a dit ?
Qu'en plus, t'étais stupide.
jqjomalu

Additifs addictifs...

Tu as vu ? Certains fabricants de nourriture pour chiens et chats rajoutent un produit qui sent la merde
NEWS
pour flatter le goût des animaux et en vendre plus !
Oui, certains journaux font pareil avec leurs lecteurs !
jmf08

Comment expliquer la fiscalité

Tu vois la meule d'emmental ? C'est ton salaire. Au centre de la meule, c'est l'impôt sur le revenu.
Le reste de la meule, c'est les taxes, contributions obligatoires et autres impôts.
Les trous, c'est la part qui te reste pour vivre.
Mahoï

Les clés de la réussite

Pouvez-vous me dire quel est le secret de votre réussite ?
Il faut avoir la conviction que l'argent n'a pas d'importance.
et que seul le travail acharné est la source du succès.
Et c'est comme ça que vous êtes devenu riche ?
Oui. Quand j'ai réussi à mettre ça dans la tête de mes ouvriers !
papyjama

Les écoutes

Chirac, Sarkozy et Hollande étaient écoutés par les Américains !
NEWS
Ça va leur faire plaisir, à nos présidents !
Parce que nous, ça fait belle lurette qu'on les écoute plus !
Ctyone

Promotion...

Le travail et la persévérance payent toujours.
Vous avez commencé au bas de l'échelle et, en trois mois,
vous voilà maintenant à la sous-direction de mon usine !
Merci, papa !
pierre_du_81

Dans la série : il faut faire 12 ans d'études de journalisme pour...

Authentique.
Entendu sur BFM TV.
Plus il y a d'usagers sur la route, plus le risque de bouchons est grand !
Eh bien, Monsieur l'expert, merci de ces précisions très utiles et n'oubliez pas de passer prendre votre cachet !
jmf08

Le sot-l'y-laisse

J'ai regardé un reportage sur l'industrie du poulet... La bête part en morceaux partout dans le monde.
Les cuisses en Europe, les filets aux USA, les pilons en Afrique, la carcasse en Chine...
Et le trou du cul ?
Oh lui ? Toujours à l'Élysée !
Mahoï

Lourd dingue

Pas moins d'une tonne de costumes à expédier aux États-unis pour les danseuses du Moulin-Rouge !
NEWS
Non, tu plaisantes ?
Pas du tout, c'est écrit !
Ben dis donc, ça fait lourd de la plume pour des danseuses à poil !
miochette

Stéréotype

Vous avez quoi, comme "bagage intellectuel" ?
Ben, un vanity case !
Blue Parrot

Les anges de la Volkswagen saison 48

Donc Volkswagen a été attaqué en justice pour avoir truqué ses émissions...
Il me tarde que l'on s'occupe d'NRJ12 !
gabibosscom

Nécro

Et comment va mon neveu journaliste ?
Il est à l'article de la mort !
Mon Dieu ! Il est si malade ?
Non, ils l'ont mis à la rubrique nécrologique !
Titoune

Ça, c'est un décideur !

Quelles annonces pour la rentrée, M. le Président ?
La baisse des impôts ! Mais nous hésitions...
Fallait-il baisser les impôts pour les ménages modestes, ou alors pour les grandes entreprises ? Et j'ai tranché :
J'ai décidé de baisser les impôts pour tous les ménages modestes qui possèdent une grande entreprise. Voilà !
pierre_du_81

Misère, misère

T'as vu ? L'écart entre les plus riches et les plus pauvres a diminué depuis 2012 !
Avec les plus riches qui se sont barrés à l'étranger et les plus pauvres qui sont morts de faim, c'est mathématique !
Tiens, politiques et journalistes n'ont pas pensé à ça !
PoLoMcBEE

Joli petit couple

Vu dans un magazine : "Il est moche, elle est belle, et pourtant ils sont en couple !"
Non, il n'est pas moche
Il est beau comme Crésus !
zaudiac

Ça ferait gagner du temps

T'as vu, les programmes télé sont de plus en plus nuls !
On devrait leur suggérer d'associer la redevance audiovisuelle avec celle des ordures ménagères !
gaveravar

La route du tour

T'as vu ces mecs gras et avinés qui courent à côté des coureurs et les gênent dans les étapes de montagne ?
Ben oui, c'est normal, c'est pour passer à la télé !
Et quel est l'intérêt de montrer à la France entière qu'on est con ?
jmf08

Faites des cadeaux, mais pas trop

C'était réussi, la soirée anniversaire de Fred ?
Ben, pas vraiment.
On l'a couvert de cadeaux et il est mort étouffé !
Titoune

La lecture pour tous

Monsieur le syndicaliste, que lisez-vous comme revue ?
Modes et Travaux !
Pourquoi ?
Chaque mois, il y a un patron à découper !
Djinn30210

Court-circuit

Le Salon de l'agriculture, c'est un bon exemple de "circuit court"...
NEWS
La campagne à la ville ?
Non ! Les politiques livrés aux manifestants...
directement, sans intermédiaire !
KillBull

Politique et amour

Ça fait quoi, d'être amoureux ?
On est sur une autre planète et on fait n'importe quoi.
Ça fait quoi, un politique ?
Pareil…
Qu'est-ce que ça doit être, un politique amoureux !
Ben, en plus, ça met un casque de scooter…
hamster

On n'a pas de pétrole mais on le taxe

Quand il y a une innovation,
les Américains en font un business, les Chinois la copient,
les Européens la réglementent et les Français la taxent !
gaveravar

Papa, c'est quoi, le gouvernement ?

Papa, c'est quoi, le gouvernement ?
Eh bien, c'est comme ici à la maison : je suis le président,
ta mère, c'est le Premier ministre, et toute la famille, c'est le reste.
Et les Verts, c'est quoi ?
Ah ça, c'est comme mamie, elle sert à rien mais on l'invite pour avoir la paix !
sylla

Pensée unique

Celui qui entre dans le moule de la pensée unique ne doit pas s'étonner d'en sortir avec la pensée unique de la moule !
nossilac

Le jeu de la différence

Le footballeur fait semblant d'être blessé mais continue à jouer.
Le rugbyman fait semblant de ne pas être blessé pour continuer à jouer !
nossilac

Rugby sous haute tension

Le prochain match des Néo-Zélandais va être serré.
NEWS
Les joueurs sont vraiment très tendus.
Pourvu qu'ils ne fassent pas un haka nerveux !
ChrisHK

Vive la démocratie

Le seul avantage de vivre dans une dictature,
NEWS
c'est qu'on peut rester au lit
NEWS
le jour des élections !
zaudiac

Mais dans quel état j'erre ?

Depuis que c'est l'état d'urgence, tout le monde court.
Vivement l'état de siège, qu'on puisse s'asseoir !
Mahoï

Demi-nistère

Combien de personnes travaillent dans ce ministère ?
Bof ! Disons une petite moitié...
papalain

J't'offre impôt

Les contribuables demandent une baisse des impôts !
Je ne crois pas qu'ils seront entendus !
NEWS
Pourquoi donc ?
Parce que le gouvernement est sourd comme impôt !
arverne19

Dépôt de plainte

M. l'agent, je me suis inscrit sur un site Internet. Depuis, ils me réclament de l'argent. C'est du harcèlement !
POLICE
Vous êtes victime de phishing, ne payez jamais. J'ouvre une enquête. Quel est ce site ?
www.impots.gouv.fr/
Ochka38

Contrôle fiscal

Bonjour Monsieur, je suis votre inspecteur du fisc. Vous tenez un grand restaurant qui marche bien...
Pouvez-vous m'expliquer pourquoi vous n'avez rien déclaré en 2014 ?
Mais, Monsieur, je ne dévoile JAMAIS mes recettes !
jmf08

C'est d'une logique !

On a trouvé de l'eau salée sur Mars !
NEWS
Heureusement que ce n'est pas du pétrole,
sinon les Américains se sentiraient obligés d'aller y rétablir la démocratie !
gaveravar

ADN franco-russe

Poutine est ton frère ! Démonstration : 1) Poutine est slave.
2) Si s'lave c'est qu'y s'nettoie.
3) Si s'nettoie, c'est donc ton frère !
beurrederien

Au prochain top, il sera : Kim Jong-un moins trente minutes...

Afin d'avoir son propre fuseau horaire, la Corée du Nord va reculer ses pendules de 30 minutes...
Et si ça se passe mal, le ministre responsable verra son exécution avancée d'une demi-heure...
Mahoï

Tolérance

La tolérance, c'est l'ouverture à certaines cultures qui sont fermées aux nôtres !
Ochka38

Élection Miss France

Tu as regardé l'élection de Miss France ?
Non ! Je suis contre l'élevage de dindes en batterie !
Mister blues

Dur dur, ce concours

Pour être intégré chez nous, il vous reste un test d'aptitude à passer... Prenez ce pistolet, sortez et tuez
six immigrants illégaux, six vendeurs de drogue, six extrémistes islamiques et un lapin !
Pourquoi le lapin ?
Bonne réponse, vous commencez demain !
gaveravar

Les experts

J'espère trouver des indices. J'espère avoir des témoins.
J'espère coincer le meurtrier.
Ce soir 20 h 50 sur TF1 : "Les j'espère".
NEWS
hamster

Halte douane !

Alcool ? Armes ? Drogue ?
Alcool ? Armes ? Drogue ?
Heu... Non, non, non !
Vous en voulez ?
jhijo

Pratiquant cathodique

Tu connais le différence entre la radio et la télé ?
Non !
À la radio, tu entends les parasites, à la télé tu les vois.
DomTom

La tête de l'an ploie

Elles m'énervent, ces actrices qui se plaignent qu'on ne leur donne pas des rôles de grand-mère
alors qu'elles ont dépensé des millions
en chirurgie esthétique pour avoir une tête de jeune fille !
nossilac

Problème de riche

J'ai eu une contre-visite pour ma Ferrari au contrôle.
Elle a quoi ?
NEWS
Bah la voiture en elle-même, elle n'a rien,
mais les fers du cheval cabré à l'avant sont rouillés. Il faut que je les remplace !
formula80

Eh oui !

Dis, papa, c'est quoi un homme politique corrompu ?
Un pléonasme !
gaveravar

Vocabulaire à géométrie variable

Certains mots sont "élastiques".
Que veux-tu dire ?
Prends le mot "harmoniser". "Harmoniser les taxes", ça veut dire les aligner sur les plus élevées.
Mais... "harmoniser les salaires", c'est les aligner sur les plus faibles.
pierre_du_81

Les études pour les nuls

Les politiques, c'est quand même des gens qui font BAC + 10
pour finalement rêver de primaires et passer leur vie en examen...
Mahoï

Nuit du 4 août

Le 4 août 1789, les députés de l'Assemblée constituante votaient l'abolition des privilèges.
NEWS
Parfois, aujourd'hui, quand je regarde autour de moi,
je me demande s'ils n'ont pas oublié de voter le décret d'application.
pcr92

À l'aide !

Tel que tu me vois, je me suis fait tout seul !
Eh bé ! Je me demande si tu n'aurais pas dû demander de l'aide à quelqu'un !
blue parrot

Commentaire sportif

Pour trouver de la drogue plus facilement, j'ai dû me mettre au sport…
Vivian Roof

L'écolo des fans

Moi, ch'suis écolo.
Aujourd'hui, j'ai pris mon vélo pour aller au boulot mais
j'ai eu du mal pour l'accrocher sur mon 4x4 diesel !
jmf08

Elle s'est trompette

T'as vu ? Y a un film qui est sorti sur Armstrong, déchu de ses sept titres du Tour de France...
NEWS
Et est-ce qu'on lui a laissé son titre de premier homme à marcher sur la Lune ?
jmf08

Contrôles anti-pollution plombés !

- Élections pipées
- Photos truquées
- Matchs arrangés
- Paris truqués
NEWS
- Tests antipollution de moteurs bidouillés.
NEWS
Si ça se trouve, il y a du dopage dans le Tour de France.
Nobody

La sécurité avant tout

Aux États-Unis, face à la recrudescence des crimes dans les écoles,
NEWS
toutes les mitraillettes vendues dorénavant
NEWS
seront munies d'un bouton de contrôle parental !
NEWS
nossilac

Recommandation alimentaire de l'OMS

Une très sérieuse étude de l'OMS démontre que manger du porc en buvant du vin réduit de 100 %
le risque de devenir un terroriste islamiste...
Mahoï

Espérons que ça leur passera en grandissant

Pousse-toi de là !
Non, j'étais là avant toi !
C'est pas vrai !
Si ! T'es chez moi !
Les enfants, arrêtez de vous chamailler !
Mais, maman, on joue aux Israéliens et aux Palestiniens !
soraya

Rangement militaire

Mon commandant, puis-je jeter les archives périmées ?
Excellente initiative, mais avant, faites-en des copies.
POLICE
zaudiac

L'âge de l'arthrite

Pas bégueule

Alors, ça marche, tes cours d'élocution contre le bégaiement ? Tu parles mieux, maintenant ?
Six chasseurs sachant chasser sans leurs six chiens de chasse !
Formidable ! Tu ne bégaies plus du tout !
O... ou... oui, m... mais, c'est di... di... difficile à pla... pla... à placer dans la con... con... conver... conversation !
boudu113

La postérité

Plutôt que de passer à la postérité, je préfère aller à La Poste hériter !!!
Ctyone

Mai 68

Tu te souviens de Mai 68 ?
Non, mais je me souviens de mes 69 !
sylla

Le gaz part

J'ai crevé un pneu aujourd'hui...
J'ai roulé sur une bouteille.
Tu ne l'avais donc pas vue ?!
Non ! Le mec l'avait dans la poche.
Paulo

Jeune et jolie

Mais enfin, pourquoi dis-tu que je ne vis pas dans la réalité ?
Allez, passe-moi mon magazine *Jeune et jolie* au lieu de raconter des bêtises !
Oui mémé.
Fauvette

Un coup de main

Salut Marcel ! Qu'est-ce que tu fais ?
Ben... Euh... Ben, RIEN, tu vois bien !
Bon ! OK ! J'viens t'aider !
emelle

Le mouvement perpétuel

On dit que le mouvement perpétuel n'existe pas.
Demandez donc à mon lave-linge
depuis que mes petits-enfants sont chez moi !
Fauvette

Un peu de géographie

Je suis incontinent...
... Lequel ?
AnMa

Satisfait

Aujourd'hui, je ne fais rien.
Même pas mon âge !
Colibri06

Cinq fruits «ou» légumes !

Ma femme est cuisinière dans une maison de retraite.
On lui demande de donner
cinq fruits aux légumes par jour.
Flocal93

Changement d'heure

Ils sont idiots d'avoir laissé le changement d'heure à 3 heures.
Fallait le mettre à midi. Comme ça, pendant l'apéro,
paf, il est 11 heures et on recommence l'apéro !
cledodouze

Toujours ce chat dans la gorge

J'ai un chat dans la gorge !
Vu l'odeur de ton haleine, tu as dû avaler la litière avec !
gaveravar

Faux cils

Ginette est vraiment très vieille.
La preuve, elle a des fossiles sur les paupières !
Mahoï

Coup de chaud, coup de pot

La météo nous annonce un temps à acheter une maison en viager.
Oui et tu connais le dicton : canicule en été, héritage à la rentrée !
gaveravar

Scène d'amour champêtre

Non mais, regarde-moi ces deux-là en bas dans la pelouse : la vieille l'embrasse partout et lui, il se laisse faire !
Ils se croient où ? Aucune pudeur ! Plus elle le tripote, plus il en redemande et elle le retripote et dans les poils !
Et lui, il la lèche et il remue la queue, tout ça pour avoir un sucre ! Que c'est con, un chien ! Je préfère être un oiseau !
jmf08

Article de journal

Accident mortel, plus de peur que de mal !
NEWS
Mister blues

Au bistrot

C'est combien, le café ?
Un euro, monsieur !
Et le sucre ?
Rien, le sucre c'est gratuit !
Alors, donnez-moi
2 kilos de sucre !
NEWS
Mister blues

La cave se rebiffe

Tu sais que le vin s'améliore
en vieillissant ?
Effectivement, quand j'étais
jeune, j'aimais pas le vin !
papyjama

Grincheux...

J'en ai marre !!!
La chaleur écrasante...
Le soleil aveuglant...
Les oiseaux qui gueulent...
Les fleurs qui empestent...
Les filles outrageusement
dénudées...
Vivement l'hiver !!!
Ouais, autant crever
tout de suite...
pierre_du_81

L'appétit vient en travaillant

Plus je mange, plus j'ai envie de manger...
Plus je dors, plus j'ai envie de dormir...
Plus je travaille, plus... NON ! j'allais dire une connerie.
Deodex

Vive la canicule

Depuis le début de la canicule, j'appelle ma belle-mère au téléphone toutes les dix minutes.
Et alors ?
Alors elle répond toujours... Fait chier !
gaveravar

Ou les œufs dans le même panier...

T'as vu ? Pour la mixité sociale, il ne faut pas concentrer les personnes âgées dans les mêmes endroits.
Ben oui, il est important de ne pas mettre tous ses vieux dans le même palier !
jmf08

Ça me fait ça tous les 6 mois

Cette nuit, c'est le changement d'horaire.
Ah ! L'horloge de mon four va de nouveau être à l'heure !
soraya

Il me faut des vues nettes !

Mais qu'est-ce qui te fait dire que j'ai besoin de lunettes ?
Ne te fâche pas, papi, c'est juste que
tu essaies d'envoyer un SMS avec ta calculette !
Trevor

Sécurité routière

Expliquez-vous.
Ça fait des années que je roule en infraction.
Ben, au volant, la ceinture est obligatoire...
Le problème, c'est que j'ai toujours mis des bretelles !
POLICE
darksparrow

Élastique

Au réveil, un homme, c'est comme un élastique. Il s'étire, il s'étire, il s'étire... et il pète.
Deodex

Permis si on...

Bonjour Mademoiselle. Vous avez été flashée à 220 sur cette nationale... Votre permis SVP...
Dites, faudrait vous mettre d'accord, dans la police.
Hier, votre collègue me le retire et aujourd'hui il faudrait que je vous le donne ?
POLICE
jeff73

Humour absurde

Qu'est-ce que tu regardes comme ça ?
Rien...
Où ça ?
jmf08

Ah ! les voyages

Qu'est-ce que tu fais cet été ?
J'ai envie d'aller à Paris, comme l'année passée.
T'as été à Paris l'année passée ? Veinard !
Non ! Mais j'en avais aussi envie...
jajomalu

3e dent

Ton gamin hurle sans arrêt, il n'est pas malade, j'espère ? Je n'ai pas envie d'être contaminé !
Et pourtant, papy, tu serais gagnant ! Il fait ses dents...
hegarat

Belle-maman

Pour Noël, j'ai acheté un bout de terrain à ma belle-mère.
Original, ton cadeau !
Oui c'est vrai, mais je l'ai pris pas trop long, pas trop large, et super profond !
NEWS
calou08

Pop corn

Avant de mourir, je vais avaler un sac de grains de maïs..
Histoire de mettre de l'ambiance au crématorium !
Deodex

Les actes de la vie

La vie est une comédie en 8 actes :
Acte de naissance, acte de présence, acte d'amour...
acte de mariage, acte fondateur, acte notarié...
et acte de décès !
Mais ça ne fait que 7 actes !
Ben, y a un acte manqué !
jmf08

J'ai l'intention
de vivre éternellement...
... et, pour le moment,
tout se passe comme prévu.
alcla

Bord à bord à Bora-Bora

Tous les vieux rêvent de finir leur vie
sur une petite île perdue.
En quelque sorte, une terre minus.
Flocal93

Gâteux d'anniversaire

Je connais un gars...
il est tellement vieux que
lorsqu'il allume les dernières bougies de son gâteau d'anniversaire, les premières ont fini de brûler !
jmf08

Paroles d'enfants

T'as vu pépé et mémé ?
Oui, ils sont de plus en plus courbés.
Faudrait les envoyer dans une maison de redressement !
Titoune

La relativité positive

Ce que je crains le plus, c'est de devenir incontinent avec l'âge.
Non mais, tu imagines, faire pipi et caca sur le fil sans pouvoir me retenir quand je dors ?
Relativise. Dis-toi que tu as beaucoup de chance de ne pas être une chauve-souris.
Wilson

On ne gâche pas la nourriture ! Chez les vieux, rien de se perd !

Tenez, chauffeur, encore une poignée de cacahuètes ?
C'est gentil mais donnez-en aux autres passagers du bus !
Ben vous savez, nous, les vieux, on n'a pu guère de dents ! On n'peut sucer que le chocolat qu'il y a autour... après...
emmelle

Vécu à midi

Le four à micro-ondes est quand même la plus belle invention
pour chauffer les assiettes
tout en gardant les aliments bien au frais !
soraya

Je suis malaaaade ?

Docteur, je suis très inquiet : je ne sais plus si on est en semaine ou le dimanche... le matin, je me lève sans réveil...
Souvent, quand j'ai quelque chose à faire, je le remets au lendemain et personne ne me dit rien...
Je vois ce que c'est, vous êtes à la retraite !
papyjama

On a de la chance !

Tous les journalistes annoncent qu'il fait froid...
Heureusement qu'on les a, sans eux on serait assez cons pour sortir en maillot de bain !
gaveravar

Histoire de foutre la m..de une dernière fois !

Quand je serai à 2 doigts d'avaler mon bulletin de naissance, je voudrais que toute ma famille soit là
pour que je leur dise dans un dernier souffle :
"J'ai caché 1 million d'euros dans... Aaaaarrgghh !!!"
Mahoï

De l'eau sur Mars !

Il paraît qu'il y a de l'eau sur la planète Mars. Il faudrait maintenant qu'ils trouvent le pastis !
Titoune

Avec ce froid, on s'caille... pe

Ce matin, j'allume mon ordi pour parler avec mes petits-enfants sur Skype...
Je tombe sur un vieux con qui voulait chatter avec moi...
C'était ma Webcam, j'étais pas connecté !
papyjama

Appel à la prudence par temps de canicule

J'appelle régulièrement les personnes âgées de mon entourage.
Ça ne sert à rien !
J'ai toujours aussi chaud.
ricou94

Destin animé !

Quand tu nais, on te donne la vie,
ensuite, tu dois la gagner,
et tu finis par la perdre !
Jessie

Pas sûr qu'ils soient d'accord

Je lis la rubrique nécrologie.
NEWS
Il faudrait rajouter le nom du médecin traitant dans les avis de décès.
KillBull

Le secret de l'allonge évitée

Monsieur, vous avez 100 ans aujourd'hui, pouvez-vous nous dire le secret de votre longévité ?
Ah ben, mon gars ! C'est tout simple ! Je n'ai jamais fumé, touché à une femme et pris de l'alcool
avant l'âge de 14 ans !
papyjama

Pas si vite !

En allant bosser, j'ai remarqué que les feux tricolores étaient synchronisés...
Quand je roule à 50 km/h, ils passent au vert au fur et à mesure que j'avance...
J'ai remarqué que ça le faisait aussi à 150 km/h...
KillBull

J'aime pas le lundi

La bonne nouvelle, c'est qu'aujourd'hui, c'est le dernier lundi de la semaine !
Deodex

C'est sûr, le lundi matin, c'est mortel

Quitte à mourir, autant que ce soit un dimanche soir...
Au moins tu es sûr de pouvoir rester au lit le lundi matin !
Mahoï

La vieillesse

La vieillesse, c'est quand tu perds une dent, et que la petite souris te laisse un devis au lieu d'une pièce !
Mister blues

Répondeur téléphonique des grands-parents

Si vous avez besoin qu'on vous garde les enfants, tapez 1.
Si vous voulez que les petits dorment à la maison, tapez 2.
Si vous voulez qu'on aille les chercher à l'école, tapez 3.
Si vous voulez tous manger à la maison, tapez 4.
Maintenant, si vous n'êtes pas nos enfants et petits-enfants, vous pouvez parler...
Mister blues

Pizza

Docteur, dites-moi la vérité, combien de temps me reste-t-il à vivre ?
Eh bien honnêtement, si vous voulez voir encore une fois les 4 saisons, prenez plutôt la pizza !
minga

Œil pour œil !

Pourquoi ne veux-tu pas venir à l'enterrement de Robert ?
Parce que tu penses que lui, il viendra au mien ?
Titoune

Fausse joie

Youpi, chérie !!!!!! Mets le champagne au frais ! Ma pension de retraite augmente de 3 € par mois !!
NEWS
Chérie, remets le champagne à la cave et sors une Évian... La cotisation à ma mutuelle augmente de 10 €...
pierre_du_81

Feuille d'impôts

Je viens de recevoir ma feuille d'impôts...
Alors là, je n'y comprends vraiment plus rien !
On nous avait dit que la facture allait être payée par nos enfants et petits-enfants !
papyjama

Pensez à votre vieillesse

Si vous ne faites pas de conneries quand vous êtes jeunes...
Vous n'aurez jamais rien à raconter quand vous serez vieux !
Mister blues

Va-nu-pieds

Non mais ! Arrêtez de vous déshabiller ! Vous êtes dans un taxi, pas à l'hôtel !
Vous pouviez pas le dire plus tôt ? J'ai laissé mes chaussures devant la porte !
minga

Alaise, Blaise !

Depuis que je suis incontinent, on m'a mis dans une maison de retraite.
Toutes les aides-soignantes s'occupent bien de moi.
Je suis vraiment très alaise !
papyjama

Au crématorium

Madame, ça fait 3 cercueils que nous incinérons, et votre mari ne brûle toujours pas !
Ça ne m'étonne pas, ça fait 30 ans qu'il prend des anti-inflammatoires !
Mister blues

Le grand frisson

Docteur, hier soir, j'ai eu de la fièvre avec des frissons.
Oui, et avez-vous claqué des dents ?
Ah ça, je ne pourrais pas le dire : elles étaient dans un verre à côté du lit !
papyjama

Médicament générique ?

Non Môssieur !
Raid est un insecticide
et non le générique du Viagra !
Titoune

Sexheimer

Allez, grand-père, installez-vous pour cette partie de jambes en l'air, vous allez en avoir pour votre argent !
Dites donc, à votre âge, pour beaucoup, le sexe, c'est fini !
Hein ? Quoi ?
Je dis : LE SEXE, C'EST FINI !!!
Ah bon, c'est fini ? Et combien je vous dois ?
papyjama

Vie moderne,
connectée ou pas

Journaliste, c'est un beau métier

Un homme tué d'un coup de fusil lors d'une soirée entre amis !
NEWS
Heureusement que c'était entre amis ! Sinon, vous imaginez le carnage !
arverne19

À mon commandement, garde à vue !

C'est lui, M. le commissaire, je le reconnais !
C'est impossible qu'il me reconnaisse...
On avait tous des cagoules.
Flocal93

Poulet cocotte

Il n'y a pas de différence entre un gendarme et une Cocotte-Minute : dès qu'ils sifflent, c'est cuit !!!
Ctyone

Toujours les pandas

Sauvez un bambou !
Mangez un panda !
arverne19

Gagner sa vie

Souvent, les gens disent : "Je vais travailler pour gagner ma vie !"
C'est con, la vie, ils l'ont déjà !
Ça serait mieux de travailler pour gagner de l'argent !
Ctyone

Garçon ? Un Google bien tassé !

Tu fais quoi, comme métier ?
Serveur haut débit...
!!!???
... dans un cybercafé.
Flocal93

Astuce très, très utile

Petite astuce : si votre portable a pris l'eau, mettez-le dans une boîte remplie de riz.
Ensuite, refermez-la. Dans la nuit, le riz va attirer des Chinois qui répareront votre téléphone !
gaveravar

Quand on aime

J'aime sentir le contact de quelqu'un contre moi qui me fait transpirer, son souffle sur mon visage ou ma nuque,
essayer de nouvelles positions, entrer par-derrière, par-devant, monter, descendre, entrer, sortir...
Ouiiii, j'aiiiiiime, alors je prends le bus 21 tous les matins pour aller au boulot !
gaveravar

BD Eire bête

J'ai un ami marseillais qui a pris la nationalité irlandaise.
Du coup, il a changé de nom pour faire plus "local".
Il s'appelle désormais O'Putaincon.
Mahoï

Le mime du métro

Dans le métro, il y avait un mime qui faisait semblant de jongler. J'ai bien aimé !
Ah ! Et alors ?
Alors ? J'ai fait semblant de lui donner une petite pièce !
Mister blues

Mais pas trop

Un groupe de demandeuses d'emploi crée un spectacle !
Original! Ça s'appelle comment?
Chômeuses go on !
NEWS
arverne19

Pour traduire, faut aussi un moteur de recherche

Bonjour, Monsieur le vendeur ! Qu'avez-vous comme modèles de voitures françaises à me proposer ?
Ben, celles-ci ! Ces gammes sont dotées du "Blind spot detection", "Night vision assist", "Precrash system"...
et d'un "Active lane keeping assist" ! ... Ce sont des offres exclusives "French touch" !
Blue Parrot

On a un problème

Allo, Houston, on a un problème !!!
Ne quittez pas, je vous passe le technicien informaticien.
Bonjour, avez-vous éteint puis rallumé la fusée?
boudu113

Stationnement

C'est devenu impossible de se garer dans Paris
Le mieux, c'est d'acheter une voiture déjà garée !
Ctyone

Haut les mains et tout le reste !

Tu as lu ? Une femme nue dévalise une banque.
Oui, et pas un témoin ne se souvient de son visage !
Deodex

Faut savoir se mettre en valeur...

Patron, j'aimerais bien une augmentation. Il y a plusieurs entreprises qui s'intéressent à moi et me relancent.
Ah ? Et quelles sont ces entreprises ?
EDF, le service des eaux, le gaz, le proprio, les télécom...
gaveravar

À vendre

Mon fils a abîmé mon iPhone.
Du coup, je le vends :
3 ans, 8 heures d'autonomie, yeux bleus, cheveux blonds...
ChrisHK

Les fous du volant

Regarde, ils jouent au badminton.
J'aime pas le badminton !
Et pourquoi ?
Parce que j'en ai marre qu'on m'arrache les plumes du cul pour fabriquer les volants !
jmf08

Un peu d'écologie

T'as vu que le panda géant fait partie des dix espèces les plus menacées d'extinction ?
Ouais, si on aime le panda géant, il faut se dépêcher d'en manger !
jmf08

«Fenêtre 10» pour les blondes

Pour installer Windows 10, votre PC doit avoir suffisamment d'espace libre...
Je l'ai mis au milieu du jardin, j'espère que ça suffira ?
Mahoï

L'amour est dans le prêt

Excusez-moi, Monsieur, pourriez-vous me prêter 10 € ?
Mais je ne vous connais pas !
Ben, justement, tous ceux qui me connaissent refusent…
papyjama

Places handicapés

Tu sais pourquoi elles sont si grandes, les places de parking pour handicapés ?
Ben ouais ! Pour que les Parisiens puissent y garer leurs 4X4 !
jmf08

Comparaison France-Chine

En France, 23 % des enfants de moins de 4 ans savent utiliser un iPhone !
Ouais, bof…
Comment ça "Ouais, bof" ?
En Chine, 100 % savent en fabriquer !
Mister blues

Encore des factures...

La facture d'électricité est arrivée ! Je crois qu'ils facturent aussi la lumière du jour...
Deodex

Les voisins

Les enquêtes montrent toujours que les terroristes sont des gens discrets, polis et courtois avec leurs voisins.
NEWS
NEWS
Aucun risque dans mon immeuble !
boudu113

Quand on change les habitudes…

Tu as l'air angoissé !
Oui !
Qu'est-ce qui ne va pas ?
On arrive à la fin du mois et il me reste de l'argent… J'ai dû oublier de payer quelque chose !
gaveravar

Bougez avec La Poste !

La Poste toujours à votre service !
En plus du lundi et jeudi de 11 h 15 à 11 h 30,
votre bureau de poste sera désormais ouvert en nocturne le mercredi de 15 heures à 15 h 15…
sylla

La technique moderne

Moi, je trouve que toute cette technique moderne, ça tue les rapports humains. Moi, par exemple,
pour un renseignement SNCF, je préfère aller au guichet de la gare et demander directement au préposé
qui me dit, après une demi-heure d'attente : "Ah ben, je sais pas, vous devriez regarder sur Internet !"
jmf08

Le mec a ni cien ni ça

Le garagiste de ma rue a été arrêté pour trafic de drogue.
Cela faisait 10 ans que j'étais client chez lui
et je ne savais même pas qu'il était garagiste !
Deodex

Oui chef !

Chef, le suspect a réussi à s'échapper, chef.
POLICE
Comment ça ? Je vous ai demandé de boucler toutes les sorties. Comment a-t-il pu s'échapper ?
POLICE
Il s'est échappé par l'entrée, chef.
POLICE
Wilson

Fait divers

Drame en Sologne : un chasseur confond son fils avec un sanglier
NEWS
et donne une gifle au sanglier !
NEWS
POLICE
Mister blues

Citrouillène DS 5

Qui conduisait Cendrillon juste avant minuit à fond la caisse ?
beurrederien

Ils ont pas d'humour, dans la fonction publique

J'ai reçu un PV pour excès de vitesse avec une photo de ma voiture prise par le radar.
Alors, pour contester l'amende, j'ai envoyé la photo d'un billet pour payer mon amende.
Mais quinze jours plus tard, j'ai eu en réponse une photo d'une paire de menottes.
formula80

Correcteur de SMS

J'ai insulté mon voisin par SMS !
Ah bon ? Et tu lui as dit quoi ?
Tu es un canard !
C'est pas une insulte !
Pétain de saladerie de correcteur automatique de merci ! Fait chiner !
bowling

Complètement timbré

Sur ma boîte aux lettres, j'avais mis "Pas de pub"
et ça marche !!!
Maintenant j'ai mis : "Pas de factures" !
Deodex

Passage en revue

Ils sont pénibles, les libraires…
Gné ?
Ils mettent les bouquins de cul juste à côté de ceux des bagnoles, du coup, tout le monde me regardait…
Comme si j'avais une tête à m'intéresser au tuning !
Paulo

Payer sa villa à Bel Agio

Je crois que la mafia italienne a infiltré mon compte en banque : j'ai plein de retraits d'un certain AGIO !
Deodex

Satisfait ou remboursé

Allez-vous me rembourser mon achat ?
Non !
Mais vous aviez dit : "Satisfait ou remboursé".
Mais votre argent nous a donné toute satisfaction.
zaudiac

Télé faune

Whaoooo ! Elle est cool, ta nouvelle télé, connectée, 3D, écran courbe, ultra HD, 4K, 55 pouces, 3 840 pixels !
Ouais, je l'ai achetée avec l'allocation de rentrée scolaire.
C'est normal, de nos jours, tout ce que les enfants apprennent, c'est par la télé !
jmf08

Lentille, pas oseille...

Salut Albert, comment tu vas ?
Pas bien, je sors de garde à vue !
J'étais à la banque quand une de mes lentilles de contact est tombée par terre.
Et comme un con, j'ai gueulé : "Que personne ne bouge !"
minga

Comment passer un bon moment

Quand tu t'emmerdes, prends 4 cochons, tu peins dessus 1, 2, 3 et 5, ensuite tu les lâches dans un supermarché...
et tu regardes les vigiles courir après et chercher le numéro 4 ! Fou rire garanti !
Mister blues

Accidents de la route : les dernières statist... hic !

NEWS
En France, 80 % des accidents mortels sont dûs à l'alcool...
Faudrait savoir, je croyais qu'ils étaient dûs à la vitesse !
Ben oui, la vitesse à laquelle tu vides les bouteilles !
jmf08

Facteurs de risques... ou inversement

NEWS
C'est incroyable ! Écoute ça : au volant, plusieurs facteurs peuvent causer des accidents.
C'est à se demander ce que fait La Poste !
NEWS
Excusez-le, il est né comme ça...
pierre_du_81

Faux contrôleur à la SNCF

Un individu se faisait passer pour un contrôleur de la SNCF pour ne pas payer les billets. Il a été démasqué et arrêté.
NEWS
Comment s'est-il fait démasquer ?
C'était le seul qui ne faisat pas grève.
Wilson

BD décalée

Mademoiselle, vous êtes arrivée une demi-heure en retard au bureau, ce matin !
Excusez-moi, monsieur le directeur, mais il y avait une grève des trains qui m'a retardée...
Mais c'était la semaine dernière !
Oui, mais ça a tout décalé !
jmf08

Keniveau

Amis bretons, attention au changement d'heure.
Ce week-end,
il pleuvra une heure de moins.
Max409

Petit mot sur le pare-brise...

Cher inconnu, en garant mon véhicule à côté du vôtre, j'ai hélas rayé l'aile de votre magnifique voiture
flambant neuve. J'écris donc ce mot pour faire croire à tous les badauds que je vous laisse mes coordonnées, mais
il n'en est rien : je ne tiens pas à avoir un malus sur ma prime d'assurance. Je vous emmerde affectueusement !
pierre_du_81

L'alchimie

À notre époque, on se refuse à croire que le plomb puisse être transformé en or...
Jusqu'au moment où on reçoit la facture du plombier !
Mister blues

Il faut raviver la flemme

La flemme, c'est pas nouveau :
quand on regarde les pyramides d'Égypte,
on voit bien que les ouvriers avaient tendance a en faire de moins en moins !
Ctyone

Plus de batterie

J'ai demandé à Siri ce que veulent les femmes, mon iPhone parle depuis trois jours sans s'arrêter...
Deodex

It's raining again

Les Bretons ne sont pas tombés de la dernière pluie.
La première n'ayant jamais cessé.
Mahoï

C'est pour rire

Bulletin météo : vigilance orange en Bretagne, gros risque de beau temps !
NEWS
Titoune

Il y a des baffes qui se perdent...

Je ne comprends pas l'expression "violence gratuite".
Il y a vraiment des gens qui payent ?
Mahoï

Paris sera toujours Paris

Ah, Paris...
la seule ville au monde
où les garçons de café pourraient prendre des leçons d'amabilité auprès des chauffeurs de taxi !
jmf08

Le bon commerçant a toujours la bonne taille

Il est bien, ce pantalon, mais je me sens un peu serré.
Je n'ai pas la taille du dessus, mais vous savez,
le tissu se relâche toujours quand on le porte !
Et cet autre pantalon, il me paraît un peu trop grand
Je n'ai pas la taille du dessous, mais vous savez, ça rétrécit toujours au lavage !
jmf08

Sport nouveau record

Encore un nouveau record pour la France !
Et dans quel sport ?
Le chômage !
C'est pas un sport...
Si, c'est celui où il y a le plus de licenciés !
clanithom

Pas de problèmes, pas besoin de solutions

La ministre de l'Éducation nationale lance la journée contre le harcèlement à l'école !
NEWS
Enfin, on va supprimer les dictées et les problèmes de baignoires qui fuient !
NEWS
arverne19

À ton avis

À ton avis ! Il y a eu la poule ou l'œuf, en premier ?
Personne ne le sait... Pourquoi cette question ?
Ben ! Je me demande : on paye des impôts car on travaille
ou on travaille parce qu'on doit payer des impôts ?
Mister blues

Petit cours d'informatique

Le clic droit est féminin, c'est celui qui choisit. Le clic gauche est masculin, c'est celui qui exécute !
jmf08

Statistique

D'après mes statistiques, il y a 1 Français sur 428 qui mesure plus d'un mètre quatre-vingt-dix.
Et c'est toujours lui qui est devant moi au cinéma !
Mister blues

Driiing

T'as gardé un téléphone fixe, toi ?
Ben oui, il m'est indispensable.
Mais à quoi te sert le téléphone fixe puisque tu as un portable ?
Il me sert à faire sonner mon portable pour le retrouver quand quand je sais plus où je l'ai foutu !
papyjama

Frustration

Le type qui a inventé le téléphone était très frustré car il n'avait personne à appeler !
Mister blues

Obsolescence programmée

Je sais pas vous, mais moi, quand j'ai un appareil qui tombe en panne
je passe une demi-heure à chercher où j'ai bien pu foutre cette satanée garantie,
et chaque fois je m'aperçois que la date est dépassée de quelques mois !
jmf08

Embauche en poche

Ch'uis arrivé en retard à mon entretien d'embauche à la SNCF. Du coup, ils m'ont pris direct !
sylla

Geais de mots

Si quelqu'un a une anti-sèche...

Je ne sais pas quoi vous dire :
dans mon bain, j'avais plein de choses à raconter
et là, je sèche !
Propane

Réflexion de merlan

Mais pourquoi diable ceux qui portent une moumoute
NEWS
se sentent-ils toujours faux tifs ?
Nobody

Toc toc

Mon voisin a un tic. Ça m'énerve.
Quel tic ?
Il répond toujours du tac au tac.
Il fait quoi dans la vie ?
Horloger.
Ah, tu m'en diras temps...
AnMa

Oh quai

Hier, mon copain est resté sans voie.
Pourquoi ?
Grève des trains...
AnMa

Mon Bird chez les nudistes

Un maillot de bain 2 pièces ?
Un BIKINI !
Un maillot de bain 1 pièce ?
Un MONOKINI !
Un maillot de bain 0 pièce ?
Un BOKUNU !
blackMamba

L'idée qui germe

Je me demande : si on gagne du blé, est-ce que nos rêves céréalisent ?
CedCed

Moteur de recherche efficace

La meilleure façon de se taire est de ne pas parler !
Cool, les citations trouvées sur Google !
Ce n'est pas sur Google !
C'est où, alors ?
Sur Taggle !
arverne19

Lyon et ses spécialités

Pour faire plaisir à ma femme, j'ai prévu de l'emmener visiter Lyon et goûter aux plats locaux.
J'ai appelé un pote qui habite à Lyon pour lui demander où est le meilleur bouchon de Lyon...
Et alors, il t'a répondu quoi ?
Le tunnel de Fourvière...
CineScrat

Sens dessus dessous

Quand il te manque un sens, un autre est renforcé.
Par exemple, si t'as pas le sens de l'humour,
ben t'es vachement plus con que les autres.
Deodex

Un deux trois

Pour s'endormir, un mouton ne peut compter que sur lui-même.
Wilson

Mythe ou realité

Nous, en Bretagne,
on n'a pas de montagnes,
mais on a une belle descente.
clededouze

Faites une cool œuvre

N'ayez pas peur d'un serpent.
Montrez-lui de quel boa
vous vous sauvez.
Flocal93

Gare ! À tire-d'aile !

J'ai été victime d'un vol dans un train.
T'as plus qu'à te faire rouler dans un avion !
papalain

La pâte feuilletée est vendue en liasses ?

Je suis pâtissier d'instinct.
Pas de recette pour mes gâteaux.
On peut dire que j'ai la pâte à tarte innée !
Flocal93

Qu'est-ce que je vais faire à manger ?

Vendredi, c'est le jour du poisson.
Aujourd'hui, c'est mercredi… c'est le jour des enfants.
On peut pas manger tous les jours la même chose…
KillBull

Conte de fées

Prenez une pelle. Mettez des petits pois de Normandie dedans.
Et vous avez un conte de fées :
La Pelle aux pois normands !
hamster

Cadeau

Je voudrais un dragon pour Noël !
Impossible, ça n'existe pas !
Bon ! Alors je voudrais faire des blagues intelligentes sur Birdsdessines.fr !
Quelle couleur, le dragon ?
bowling

Faut savoir écrire un mot pour le trouver dans le dictionnaire !

Vous allez me dire : "Connaître l'orthographe n'est pas nécessaire, il suffit d'avoir un dictionnaire."
Alors, je vous mets au défi de trouver dans le dico
oroscope, idrogène, ipocrite, arpie…
Flocal93

Tu n'piges pas, mais t'es pigeonné

Ça n'a pas l'air d'aller, Marcel !
Un huissier est venu chez moi, et je n'ai rien compris !
Mais lui, il a tout saisi…
papalain

Objet : réponse à lettre de refus

M. le DRH, j'ai bien reçu votre lettre de refus de candidature et je l'ai examinée avec soin. Je ne peux malheureusement
pas y donner une suite favorable. Je reçois un grand nombre de lettres de refus et vous comprendrez aisément
que je ne peux pas toutes les accepter. Je vous confirme donc que je viendrai demain pour commencer à travailler.
nossilac

Singulier pluriel - Pluriel singulier

Le pluriel de singulier n'est pas pluriel. C'est singulier, non ?
Jeanfil

Fallait y penser !

La DDE a trouvé un moyen de se débarrasser de la neige.
Radical et efficace. Écologique. Limitant grandement la pénibilité au travail.
Attendre sans rien faire qu'elle fonde !
ralera-ralera-pas

Vous aussi vous êtes fanes ?

Ils vont recycler les déchets verts pour du compost et faire pousser plus de légumes pour nourrir l'humanité.
NEWS
Ben oui ! La fane est l'avenir de l'homme !
jmf08

C'est pas une histoire belge

J'ai une histoire : c'est un Suisse qui...
Attention à vous, je suis suisse !
C'est pas grave, je vais la raconter doucement !
zaudiac

Sans diconner

Dans le dictionnaire, je suis tombé sur "indéfinissable"
et il y avait une définition.
J'aime pas trop qu'on se foute de ma gueule...
Deodex

Dites-le avec des fleurs !

J'ai eu le coup de foudre pour une fleuriste, porte des Lilas. Elle s'appelle Marguerite. C'est une jolie plante, et
elle a pris une place énorme dans mes pensées, mais il faut croire qu'elle a les nerfs à fleur de peau parce que,
quand je lui ai déclaré ma flamme, elle m'a envoyé sur les roses. Avouez que c'est un manque de pot !
heucedress

Très cas !!!

Tu as vu la belle fille, là-bas ?
Où ça ? Où ça ?
Ah ! dommage. Elle vient juste de rentrer dans un magasin de literie.
Là ! La revoilà ! Mate-la, elle ressort !
Drakan nakarD

Défectivement vôtre

Sais-tu que bruire, choir, échoir, gésir, paître, quérir et traire sont des verbes défectifs ?
Défectifs ? Défectifs... du verbe déféquer ?
Mais non, pourquoi ?
Parce qu'on se fait vraiment chier pour les conjuguer !
Trevor

J'ai pas la pêche

Je rentre de la pêche.
Je suis crevette et épuisette !
Trevor

GUIDE SNCF

La SNCF va sortir un guide du voyage !
Ah bon ?
Ouais ! Ça va s'appeler le Guide du Retard !
NEWS
Mister blues

Pourquoi faut-il ce TER ?

Suicide ! Un chef de gare hagard, de Lyon,
NEWS
n'a pas supporté le départ de sa Micheline.
J'en reste sans voie.
Nobody

Bambi's killer

Un homme armé arrêté à Disneyland Paris !
Mais par quel sombre dessein était-il animé ?
Mahoï

Mise au poing

Qu'est-ce qui t'arrive ? T'en fais, une drôle de tronche !
J'ai rencontré un type qui n'était pas d'accord avec moi.
Ben, c'est son droit !
Non, non. C'est son gauche… en pleine poire !
pierre_du_81

Comment veux-tu ?

Je me suis toujours demandé ce que faisait le demi-dieu romain quand quelqu'un lui disait : "Avance, Hercule" !?
arverne19

Ciao pantin

Avez-vous remarqué que ce sont toujours des femmes qui tirent les ficelles
des maris honnêtes ?
ChrisHK

JUSTE UN QUI ?

Manger du saucisson me fait péter, mais ça fait juste un bruit doux !
arverne19

C'était pas mieux avant

9 tonnes de CO2 produites par un Français chaque année, et ça augmente toujours !
NEWS
C'est pas comme ça que l'on va réduire l'effet de serre.
Qu'on commence déjà à interdire le cassoulet !
urticor

Histoire alsacienne

Tu connais l'histoire de la bouteille de bière
tombée dans la rivière de limonade
et qui crie "Au secours, je sais panaché" !
papyjama

Tout est bon dans le cochon

L'avantage, quand on ne mange pas de porc, c'est qu'on n'avale pas de travers...
Mahoï

L'image de soi

Parfois le matin, au réveil,
je me dis que j'ai de beaux restes !
Et puis je ferme la porte du frigo...
Propane

Essuie-tout

C'est quand même un peu con que la seule chose que les essuie-glaces n'arrivent pas à essuyer, c'est la glace.
boudu113

Conducteur du dimanche

Accusé, vous êtes passé par la chaise électrique après avoir tué 20 personnes avec votre automobile.
Après 3 décharges, vous êtes toujours vivant. D'après la loi, américaine, vous êtes libre. Qu'avez-vous donc à dire ?
Je l'ai toujours dit, que je suis mauvais conducteur.
zaudiac

ô taon, suspends ton vol…

Quand je m'ennuie,
je prends ma bombe insecticide
et je tue le taon.
Flocal93

Réservation

Allô ? Oui, bonsoir ! J'aimerais réserver une table pour demain soir…
Vous vous êtes trompé, Monsieur. Ici, c'est un restaurant, pas un magasin de meubles !
minga

Carbonate de soude

Pour savoir si un soldat est mort
pendant la Première Guerre mondiale,
on fait une datation au carbone 14-18.
NEWS
NEWS
Flocal93

Soleil de feu et de plomb

Je croyais passer des vacances calmes à Grenade,
mais ça s'est mal goupillé
et elles ont été explosives !
papalain

Bise où ?

La guerre est finie ! Les soldats s'embrassent !
Où ça ???
Sur le front !
Vivian Roof

Mauvaise haleine

T'es gentil, mais... qu'est-ce que tu pues des pieds !!!
C'est à cause de mes chaussettes de laine...
C'est de la laine de chacal, non ?
pierre_du_81

Temps pourri

Il a tellement plu dans le Var et les Alpes-Maritimes que les gens de là-bas se sont mis à parler le breton...
Loki

Abstention absurde

Pourquoi vous réussissez à vous abstenir de faire la bise quand vous êtes malade
mais pas de donner votre opinion quand vous êtes cons ?
Propane

La belle-mère est morte ce soir

Tu viens manger à la maison demain soir ?
Ah je ne peux pas, j'enterre ma belle-mère.
Oh, excuse-moi, je ne savais pas qu'elle était décédée.
Elle non plus, je vais lui faire la surprise.
formula80

Eau secours

Si l'eau de Javel vient de Javel et que l'eau de Cologne vient de Cologne,
pourquoi certaines personnes persistent à mettre de l'eau de toilette ?
Wilson

Les comédiens sont-ils des pyromanes ?

Ils disent dans le journal que les sapeurs-pompiers se sont rendus très rapidement sur le théâtre de l'incendie.
Sûrement donc des comédiens qui ont encore voulu "brûler les planches" !
Ouais, et à vouloir "être sous les feux de la rampe", ils se sont finalement retrouvés derrière un rideau de fumée !
Blue Parrot

Les harengs terribles

Votre fille est laide ?
Ne lui criez pas dessus
bien que vous éleviez le thon !
Flocal93

Cache à l'eau

Il m'a dit : viens à la piscine, il y a une tonne de nanas... Tu parles : cinq gonzesses de 200 kg chacune...
Deodex

J'ai horreur que l'on me menthe

Ça fait longtemps que je n'ai pas bu de thé.
Et pourtant, je me souviens de son goût
comme si c'est théière.
Flocal93

Un problème de taille !

Je ne comprends pas ceux qui disent qu'on manque de "moyens" et qui s'opposent à la venue de "mi-grands" ?
NEWS
Blue Parrot

Que celui café se dénonce

L'élaboration du café est une
tradition qui se transmet
de père en filtre.
flocal93

D'égout et des couleurs

Tiens ! Deux égoutiers qui s'embrassent !
Où ça ???
Sur la bouche !
Vivian Roof

Scan-dalle

C'est fou, cet ouvrier qui travaille avec ce marteau-piqueur. Il doit crever la dalle tout le temps...
AnMa

Dans les tons

C'est quoi, cette horreur sur l'étagère ?
C'est une sculpture en laiton d'un artiste letton qui représente un laid thon !
T'es sûr ?
L'est-on jamais ?
Titoune

Au supermarché

T'as vu ? À la boucherie du supermarché, il y a des jumeaux qui servent.
Oui, ils ont mis les bouchers doubles !
Titoune

Tiens, voilà du boudin...

Mon copain charcutier est un dégoûtant personnage.
Quand il téléphone à ses fournisseurs,
il ne raconte que des cochonneries !!!
pierre_du_81

Baraque à

Avant, je tenais un grand restaurant
mais je n'ai jamais eu de chance.
Maintenant, j'ai la baraka frite !
jmf08

Poulet de batterie de cuisine

Tu sais si un poulet élevé en batterie doit être mangé avec des baguettes ?
boudu113

Est-il au test ?

L'alcool est interdit au volant.
Pour moi, c'est bien simple, je ne lui en donne jamais.
Ça ne l'empêche pas d'être tout le temps rond !
papalain

Mes pérégrinations avec les filles de France

J'en ai connu, des filles ! Une Basque qui se laissait peloter, puis j'ai fondu pour une Savoyarde...
La Bretonne m'a pris pour une crêpe, avec la Dauphinoise c'était pas du gratin, la Niçoise m'a raconté des salades...
Finalement, j'ai voulu m'introduire dans une Limousine mais qui était vraiment Creuse...
J'ai rencontré une Normande, trop vache, et une Corse, trop explosive, la Charentaise était trop pantoufle...
Avec la fille du Nord, fallait aller au charbon, la Berrichonne me revenait vraiment trop Cher...
Je termine dans un bar où y a que des filles, je comprends rien à ce qu'elles bar à gouines !
jmf08

Connaissez-vous l'âge de Pierre ?

La maman Cro-Magnon,
pour endormir son petit,
lui racontait une préhistoire ?
Flocal93

Météo animalière

Vous avez remarqué ? Quand il fait un temps de chien, il n'y a pas un chat dehors !
Titoune

Banques enneigées

Encore une baisse des taux ! C'est décidé, demain je ferme tous mes livrets...
Livret A, d'épargne, bleu, PEL...
Tu seras libéré des livrets.
Paulo

Je ne fais rien que des birdises

Ce qui est bien, c'est que le site birdsdessines.fr a été créé rien que pour qu'on écrive des birdises !
Trevor

POLICE

POLICE
LES BIRDS
DANS TOUS LEURS ÉTATS

POLICE

L'ILLUSTRATRICE

Adeline n'a pas passé un diplôme d'ornithologie mais elle aime les oiseaux, alors quand Nicolas lui a demandé de s'occuper des Birds, elle n'a pas hésité une seule seconde. Avec beaucoup de patience, elle a réussi à les apprivoiser : c'est que ces volatiles ont du caractère et ne se laissent pas faire ! Heureusement avec beaucoup de détermination, elle les mène désormais à la pointe de son stylet.

LE CONCEPTEUR

Tout comme le chocolat, Nicolas apprécie tout particulièrement l'humour noir. Birds Dessinés lui permet ainsi d'allier cette inexorable envie de se marrer à sa passion pour l'innovation informatique. Il se bat chaque jour pour que le "fil" reste un moyen d'expression accessible à tous ceux qui ont un truc à dire, de drôle si possible. Aujourd'hui, Birds Dessinés est aussi utilisé par des écoles, des mairies, des associations, des petites et grandes entreprises afin d'apporter un petit plus à leur communication. Et c'est tant mieux ! Si Nicolas peut ainsi contribuer à dérider un peu ce monde, alors les Birds ont encore de belles années à roucouler sur leur fil !

Plumage plutôt bleu
Regard vif et intelligent
Le Bird sait se tenir au courant

LE BIRD

Environnement : le Bird n'aime pas la pluie

Signe particulier : caractère bien trempé

Moyen d'expression

Habilal principal : le fil.
Le Bird y passe le plus clair de son temps.

Les Birds ne seraient rien sans eux

MERCI AUX FANS !

Fun en bulles

Alors en bref c'est quoi, Birds Dessinés ?
C'est un fil avec des oiseaux fun en bulles !
trevor

**CE LIVRE EST AVANT TOUT UN HOMMAGE
À TOUS CEUX
QUI ONT FAIT DES BIRDSDESSINÉS !**

423, adrien, alcla, ange38, AnMa, apostrophe, archimède, Arverne19, Badj, beurrederien, Birds_speaking_to_birds, blackMamba, Blue Parrot, boudu113, bowling, calou08, CedCed, Chelmi, ChrisHK, CineScrat, clanithom, clededouze, Colibri06, CRbirds, Ctyone, darelli, darksparrow, Deodex, Djinn30210, docgyneco08, DomTom, Drakan nakarD, ennelle, farplus, Fauvette, Flocal93, formula80, gabibosscom, Galaldur, gaveravar, gdispaux, hamster, hegarat, heucedress, jaco39, Jeanfil, jeff73, Jessie, jhijo, jmf08, Jojo88, jojomalu, JUJU 30, JujuBB, KillBull, Le Repreneur, Loki, Mahoï, max patrige, Max409, Michorbey, minga, miochette, Mister blues, ninibirds, Nobody, nossilac, oceandereve, Ochka38, papalain, papyjama, Pataski73, Paulo, pcr92, pierre_du_81, PoLoMcBEE, Propane, ralera-ralera-pas, reguas, ricou94, Ronflette du Sud, rorolelectro, sifun, soraya, sylla, Ti Gus, Titi974, Titoune, Trad 30, Trevor, urticor, vautour hirsute, VerdOt, Vivian Roof, willelmyna, Wilson, zaudiac, zaze69...

Imprimé en Espagne
Dépôt légal : octobre 2016
ISBN 13 : 978-2-7499-3021-3
LAF 2247